LES FESTES
DE
POLIMNIE,

BALLET HÉROÏQUE,

REPRÉSENTÉ

POUR LA PREMIERE FOIS,

PAR L'ACADÉMIE ROYALE

DE MUSIQUE,

Le Mardi 12 *Octobre* 1745.

Remis au Théâtre le Mardi 21 Août 1753.

PRIX XXX SOLS.

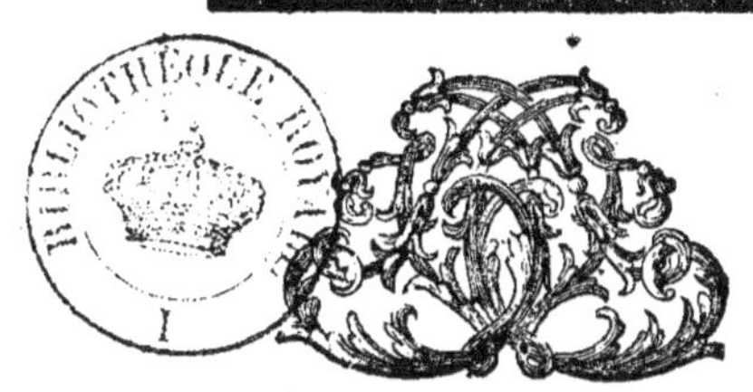

AUX DÉPENS DE L'ACADÉMIE.

A PARIS, Chez la V. DELORMEL & FILS, Imprimeur de ladite Académie, rue du Foin, à l'Image Ste. Geneviéve.

On trouvera des Livres de Paroles à la Salle de l'Opéra.

M. DCC. LIII.

AVEC APPROBATION ET PRIVILEGE DU ROY.

Les Paroles sont de M. de CAHUSAC, *de l'Académie Royale des Sciences & Belles Lettres de Prusse.*

La Musique est de M. RAMEAU.

AU ROY,

*RAND ROI, * pour célébrer tes vertus & ta gloire.*
Les Arts n'ont pas besoin d'orner la vérité:
Tu n'as point à rougir d'un éloge flaté,
Tes Exploits éclatans sont peints d'après l'Histoire,
Tels qu'ils seront jugés par la postérité.
Vois-lès déja gravés au Temple de Mémoire;
Jouis dès ton printems, de l'immortalité.

DE CAHUSAC.

* Ce Ballet fut représenté après la Victoire de Fontenoy.

PROLOGUE,
LE TEMPLE DE MÉMOIRE.

LE premier Acte,	LA FABLE.
Le Second,	L'HISTOIRE.
Le Troisiéme,	LA FÉERIE.

ACTEURS CHANTANS
Dans les Chœurs.

CÔTE' DU ROI.		CÔTE' DE LA REINE.	
Mesdemoiselles.	*Messieurs.*	*Mesdemoiselles.*	*Messieurs.*
Dun.	Lefebvre.	Rollet.	S. Martin.
Larcher.	Le Page, C.	Daliere.	Gratin.
Cazeau.	Marotte.	Masson.	Le Mesle.
LeTourneur	Levesque.	Gondré.	Albert.
La Croix.	Le Roy.	Héry.	Le Vasseur.
Sallaville.	Selle.	Duval. 1re.	Chapotin.
Duval. 2e.	Roze.	Adelaïde.	Favier.
Gaultier.	Robin.	Lachanterie	Feret.
De S.Hilaire	Antheaume.	Dauger.	Du Perrier.
Béfort.	Parent.	Beyssac.	Lombard.
			Laurent.

PROLOGUE
LE TEMPLE
DE MÉMOIRE.

ACTEURS

CHANTANTS.

MNEMOSINE, *Déesse de la Mémoire, mere des Muses.* — Mlle. Jacquet.

LA VICTOIRE. — Mlle. Chefdeville.

UN CHEF DES ARTS, — M^r^. De Latour.

POLIMNIE, — Mlle. Dubois.

Toutes les M*USES.*

Tous les A*RTS.*

PERSONNAGES DANSANS.

LES ARTS.

M^r^. LAVAL.

M^rs^. Desplaces l. Caiez, Gobert, Vestris c. Mergerie.

LES MUSES.

M^r^. HYACINTE, Mlle. LABATTE.

Mlles. Desirée, Ponchon, Maupin, Raime, Morel.

PROLOGUE,

Le Théâtre représente le Temple de Mémoire.

SCENE PREMIERE.

MNEMOSINE, LE CHEF DES ARTS, *Suite du Chef des* ARTS, *& de* MNEMOSINE.

MNEMOSINE.

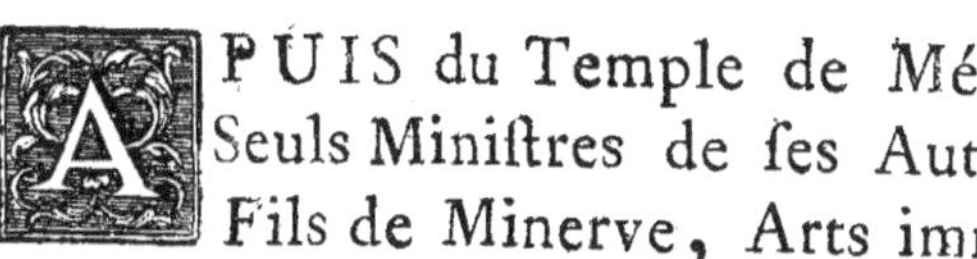

APUIS du Temple de Mémoire,
Seuls Miniſtres de ſes Autels,
Fils de Minerve, Arts immortels
De l'Univers vos mains gravent l'Hiſtoire,
Sur le marbre & l'airain de ces murs éternels.

A vos travaux que vos concerts s'uniſſent.
Des ravages du tems ſauvés la vérité.
Eclairés votre ſiécle & la poſtérité.

La gloire des Héros que vos chants applaudiſſent
Jouit de l'immortalité.

CHŒUR.

A nos travaux, &c.

On danſe.

LE CHEF DES ARTS.

La Diſcorde & l'Envie ont allumé la guerre :
Les airs ne brillent que de feux.
Tout s'arme contre un Roi favoriſé des Dieux :
La terreur & la mort vont déſoler la terre.

CHŒUR.

Doux charme des cœurs vertueux,
Paix aimable, écoutés nos vœux.

MNEMOSINE, & LE CHEF DES ARTS.

Jupiter, lance la foudre
Sur les ennemis de la paix !
Eclate, réduits en poudre
Des Peuples orgueilleux, jaloux de tes bienfaits !

CHŒUR.

Doux charme des cœurs vertueux,
Paix aimable, écoutez nos vœux.

On danſe.

On entend le ſon des Trompettes, des clairons, des Timbales, &c.

MNEMOSINE.

MNEMOSINE.

Ces ſons brillans annoncent la Victoire ;
Les Muſes pour l'entendre, ont quitté leurs travaux.

SCENE II.

MNEMOSINE, LE CHEF DES ARTS, LA VICTOIRE *ſur un Char brillant*, POLIMNIE, *toutes les* MUSES, *ſuite du* CHEF DES ARTS.

LA VICTOIRE.

Muſes, chantez, célébrez un Héros
Qui ne doit qu'à ſon bras les faveurs de la gloire.

Je cédois en eſclave aux loix de ſes ayeux :
J'ai voulu m'affranchir, ou tenter ſon courage.
J'ai ſecondé l'effort d'un peuple audacieux ;
Dans des torrens de ſang, dans l'horreur du carnage
Je me ſuis cachée à ſes yeux.
Sa valeur juſqu'à moi s'eſt ouverte un paſſage,
Il a ſçu ſaiſir l'avantage
Du ſeul inſtant qui pouvoit être heureux :
C'en eſt fait. Je me rends pour jamais à ſes vœux,
Et ma conquête eſt ſon ouvrage.

Chantez, célébrez un Héros
Qui ne doit qu'à ſon bras les faveurs de la gloire :
Les paiſibles vertus de ſes jours de repos
Ont aſſez embelli le Temple de Mémoire.
Conſacrez-lui des chants nouveaux.

CHŒUR.

Conſacrons-lui des chants nouveaux,
Il ne doit qu'à ſon bras les faveurs de la gloire. . :

LA VICTOIRE.

Je cours d'un Roi qu'il aime, illuſtrer les drapeaux :
Mon Héros à ſon gré fait voler la victoire.

Elle vole.

SCENE III.

CHŒUR.

Conſacrons-lui des chants nouveaux.
Ce Héros à ſon gré fait voler la victoire ;
Les paiſibles vertus de ſes jours de repos
Ont aſſez embelli le Temple de mémoire.
Chantons, célébrons, &c.

On danſe

LE CHEF DES ARTS.

Muſes, ſecondez-nous, pour le plus grand des Rois,

Ce n'eſt pas aſſez de l'Hiſtoire.
Qu'un monument digne de ſes exploits,
Immortaliſe ſa victoire.

Les Arts élevent une Statue d'or, repréſentant la Figure du ROI, la Rénommée les aîles déployées, poſe ſur ſa tête une Couronne de laurier: A droite & à gauche les Arts élevent deux Trophées d'armes, d'étendars, &c. Sur les marches du pié-d'eſtal, on voit deux Groupes, Le premier repréſente la Gloire qui enchaîne le Tems: Le ſecond repréſente la Vertu foulant aux pieds l'Envie.

Dès que le Monument eſt elevé, & après que les Muſes & les Arts l'ont couvert de guirlandes de lauriers.

LE CHEF DES ARTS, MNEMOSINE, ET LE CHŒUR.

Que du nom du Vainqueur ces voutes retentiſſent!

LE CHEF DES ARTS, MNEMOSINE.

Il regne ſur les cœurs de ſes heureux Sujets,
C'eſt à l'Amour qu'ils obéiſſent.

CHŒUR.

Qu'à ſon nom ſeul ſes ennemis paliſſent!
Qu'ils viennent en tremblant lui demander la paix,
Qu'ils ſe diſperſent! Qu'ils périſſent!
Que ſa gloire vive à jamais.

On danſe.

POLIMNIE.

Muſes, à vos nobles efforts,

Polimnie unira ses plus tendres accords.

Faisons entre-nous le partage
De ses travaux, de ses loisirs,
Faites voler sa gloire d'âge en âge,
Et j'aurai soin de ses plaisirs.

On danse.

POLIMNIE.

Des plaisirs voici l'heureux jour.
Guerriers du sein de la Victoire
Volez dans les bras de l'Amour.

Les Lauriers sont cueillis, les Myrthes à leur tour
Vont renaître & fleurir sur les pas de la Gloire.

Des plaisirs, *&c.*

On danse.

LE CHŒUR.

Que du nom du Vainqueur ces voutes retentissent !
Il regne sur le cœur de ses heureux Sujets,
C'est à l'Amour qu'ils obéissent :
Que sa gloire vive à jamais.

Fin du Prologue.

LA FABLE.

ACTE PREMIER.

ACTEURS
CHANTANS.

LE DESTIN,	Mr. Vée.
JUPITER,	Mr. Gelin.
HEBÉ,	Mlle. Fel.
ALCIDE,	Mr. Poirier.

DIEUX ET DÉESSES.

L'HYMEN, LES JEUX & LES PLAISIRS.

PERSONNAGES DANSANS.
GRACES.

Mlles. PUVIGNE'E, DAZENONCOUR, CHEVRIER.

JEUX & PLAISIRS.

Mr. VESTRIS,

Mrs. Hamoche, Lelievre, Beat, Gallini.

Mlles. Courcelles, Beaufort, Ponchon, Pachot.

DIEUX & DÉESSES.

Mr. LAVAL. Mlle. CARVILLE.

Mr. HYACINTE. Mlle. LABATTE.

Mrs. Dupré, Gobert, Desplaces l., Desplaces c.

Mlles. St. Germain, Desiré, Garnier, Raime.

LES FESTES
DE POLIMNIE.
ACTE PREMIER.
LA FABLE.

Le Théâtre représente le Ciel.

SCENE PREMIERE.
ALCIDE.

AMOUR, charmant Vainqueur, reçois dans ces beaux lieux,
D'Alcide le premier hommage.
Tu m'as embrasé de tes feux,
Que la jeune Hebé les partage.
Acheve ta victoire en me rendant heureux.

Si le Destin met obstacle à mes vœux,
Le Dieu puissant qui lance le tonnere

M'éleve envain au rang des Dieux:
Je vais éprouver dans les cieux,
Tous les malheurs qui ravagent la terre.
Amour, charmant Vainqueur, *&c.*
Elle vient... O dieux! Qu'elle est belle!

SCENE II.

ALCIDE, HEBÉ, JEUX ET PLAISIRS *de la suite* d'HEBÉ.

HEBÉ à ALCIDE.

VOs regards sont frapés d'une clarté nouvelle
Que le tems n'éteindra jamais.
Dans le sein du bonheur Jupiter vous apelle,
Venez jouir de ses bienfaits.
Qu'à la voix d'Hebé tout réponde!
Pour célébrer le Fils du Souverain du monde
Jeux, & Plaisirs, unissez vos attraits.

On danse.

BALLET, des Jeux & des Plaisirs.

HEBÉ, pendant le Ballet, alternativement avec LE CHŒUR.

Dans ce beau séjour tout respire

Les

Les charmes de la liberté.
Nous ne connoiſſons que l'empire
De la plus douce volupté.
Jamais le cœur n'eſt arrêté
Que par le plaiſir qu'il déſire.

à Alcide.

Jouiſſez avec nous
D'un bonheur auſſi doux.

Enchantez toûjours notre vie
Volez plaiſirs, comblez nos vœux.

CHŒUR.

Volez plaiſirs, comblez nos vœux.

HEBÉ.

Nos momens ſont dignes d'envie,
Et nous n'avons point d'envieux;
Sans le bonheur des autres Dieux,
Nous ſerions bien moins heureux.

CHŒUR.

Tout nous rit dans ces lieux,
Tout y charme nos yeux.

HEBÉ.

Volez Amours, parez les Cieux.

CHŒUR.

Volez plaiſirs, comblez nos vœux.

HEBÉ.

Dans ce beau séjour, tout respire
Les charmes de la liberté,
Nous ne connoissons que l'empire
De la plus douce volupté.
Jamais le cœur n'est arrêté
Que par le plaisir qu'il désire.

à ALCIDE.

Lorsque tout retentit de nos chants d'allegresse,
Alcide seul, dans cet heureux séjour,
Semble accablé d'une sombre tristesse?

ALCIDE.

Envain à mon bonheur tout le Ciel s'intéresse,
Il ne dépend que de l'Amour.

HEBÉ.

L'Amour pour les Mortels est un Dieu redoutable:
Ses bienfaits sont mêlés de craintes & de pleurs;
Mais pour les Dieux plus favorable,
Il ne soumet leurs cœurs
A son pouvoir aimable,
Que pour les combler de faveurs.

ALCIDE.

Que je crains bien, au trouble qui m'accable,
D'être blessé d'un de ces traits cruels
Qu'il reserve pour les Mortels!

HEBÉ.

Diſſipez de vaines allarmes.

Pourquoi des mains de la beauté
Réfuſer des nœuds pleins de charmes?
Les Dieux, en lui rendant les armes,
Aſſurent leur félicité.

ALCIDE.

C'eſt de vous que j'attens celle où mon cœur aſpire.
Dans ce ſéjour délicieux,
Lorſqu'à ma gloire tout conſpire,
Je ne cherche que vous; loin de vous, je ſoupire,
Vous fixés mon cœur, & mes yeux.
Vous plaire eſt le ſeul bien que mon ame déſire,
Et je ſerois mille fois plus heureux
De vivre dans les fers, ſous votre aimable empire,
Que de regner ſans vous, ſur la terre & les cieux.

HEBÉ.

Qu'entens-je ! ...

ALCIDE.

Aimable Hebé, rendez-vous à mes vœux.

HEBÉ.

Lorſque de mon hymen la pompe ſe prépare ! ..

ALCIDE.

Le Deſtin cache encor le nom de votre Epoux.

Je ſai que Mars aſpire à des liens ſi doux,
Et Junon pour lui ſe déclare ;
Mais Alcide ne craint que vous.

Aimez, aimez répondez à ma flamme;
L'Amour ſeul, de l'Hymen doit allumer les feux.
Ah ! Si je puis intéreſſer votre ame,
Je ſaurai braver Mars, Junon, & tous les Dieux.
Vous ne répondez point ? ...

HEBÉ.

J'ignore l'art de feindre.
Je dois obéir au Deſtin;
Mais vous n'aurez point à vous plaindre,
S'il conſulte mon cœur ſur le don de ma main.

ALCIDE.

Ciel ! Mon bonheur paſſe mon eſpérance...
Mais, Jupiter ſuivi de la céleſte cour
Vient honorer ces lieux de ſa préſence.

SCENE III.

JUPITER, DIEUX ET DÉESSES, ALCIDE, HEBÉ, *Suite* D'HEBÉ.

JUPITER à ALCIDE.

DU Deſtin qui peut ſeul couronner ton amour,
Je vais en ta faveur implorer la puiſſance.

Aux Dieux & Déesses de sa Suite.

Immortels, du Destin le Palais va s'ouvrir.
Heureux, que du haut de son trône,
La majesté qui l'environne
A nos regards daigne se découvrir.

SCENE IV.

Le Palais du DESTIN *s'ouvre. Il est sur un Trône d'or entouré de nuages. On voit à ses pieds la Fortune, le Tems, la Gloire, la Victoire, les Vents, &c. Toutes ces Divinités sont dans le plus profond respect, & elles chantent au moment de l'ouverture du Palais.*

GRAND CHŒUR.

QUe tout tremble & s'anéantisse
Devant l'Etre puissant qui régit l'Univers!

PETIT CHŒUR.

Qu'à sa gloire tout applaudisse!
Que le ciel, la terre, & les airs
Retentissent de nos Concerts!

GRAND CHŒUR.

Que tout tremble, *&c.*

Les DIEUX *adorent le* DESTIN *par un Ballet.*

HYMNE AU DESTIN.

JUPITER, HEBÉ, ALCIDE.
alternativement avec les CHŒURS.

ETre éternel, ſuprême intelligence,
Devant toi toute autre puiſſance
Doit ou diſparoître, ou fléchir.

A ta voix le malheur, la gloire, l'abondance,
La vie & le trépas s'empreſſent d'obéir,
Ta rédoutable main à ton choix les diſpenſe.

Le Ciel, l'Onde, l'Enfer, les Dieux & les Mortels,
Tout adore & ſubit tes Décrets éternels.

Le Dieu des autres Dieux en tremblant te contemple.
L'Univers entier eſt ton Temple,
Et les Mondes ſont tes Autels.

JUPITER au DESTIN.

Alcide attend le ſort dont tu m'avois flatté,
Pour honorer l'éclat de ſa valeur ſuprême.
Le bonheur fait le prix de l'immortalité,
Il n'en eſt point ſans ce qu'on aime.

LE DESTIN.

La vertu fait les Dieux.
Qu'Alcide ſoit heureux.

JUPITER.

D'Alcide coûronne la flâme
Vole Hymen, vole au gré de ses désirs;
Mais pour regner à jamais sur son ame,
Laisse former tes nœuds par la main des plaisirs.

LES PLAISIRS *unissent* ALCIDE ET HEBÉ *avec des chaînes de fleurs.*

ALCIDE à HEBÉ.

Mon bonheür est égal à mon amour fidélle,
Rien ne peut désormais en altérer le cours.
Hebé vous êtes immortelle,
Et je puis vous aimer toujours.

ALCIDE & HEBÉ.

Dieux immortels, écoutés nos sermens,
L'Hymen nous a liés d'une chaîne éternelle;
Mais l'Amour à tous les momens,
Embrasera nos cœurs d'une flâme nouvelle.
Vous nous verrez toujours Amans.

On danse.

HEBÉ.

A la beauté tout céde sur la Terre
Elle triomphe au céleste séjour.
Le terrible Dieu du tonnerre

En voyant deux beaux yeux, sourit au tendre Amour.

Avec elle, Amour, tu disposes
Des plaisirs les plus doux & des biens les plus chers.
Ton trône n'est qu'un lit de roses,
Et ton Empire est l'Univers.

On danse.

CHŒUR.

Loin de nous la sombre tristesse,
Les soins, les pleurs & les soupirs.
Si le Destin qui pour nous s'intéresse,
Donne des aîles aux plaisirs,
C'est pour égaler leur vîtesse
Au rapide essor des désirs.

Fin du premier Acte.

L'HISTOIRE

L'HISTOIRE.

ACTE SECOND.

ACTEURS
CHANTANS.

SELEUCUS, *Roi de Sirie*, Mr. De Chassé.
STRATONICE, *Princesse promise à* SELEUCUS, Mlle. Chevalier.
ANTIOCHUS, *fils de* SELEUCUS, Mr. Poirier.
UNE SYRIENNE, Mlle. Dubois.
SYRIENS & SYRIENNES.

PERSONNAGES DANSANS.

PEUPLES SYRIENS.

Mlle. LYONNOIS.

Mr. TESSIER.

Mr. LANY, Mlle. RAY.

Mrs. Caiez, Feuillade, Mergerie, Vestris c.
Mlles. Deschamps, Coupée, Maupin, Raime.

ACTE SECOND.

L'HISTOIRE.

Le Théâtre repréſente les Jardins des Rois de Syrie.

SCENE PREMIERE.

CHŒUR de Peuples & de Guerriers qui célébrent le retour du Roi SELEUCUS, *qui vient de remporter la fameuſe Victoire d'*IPSUS. *Ils ſe rendent en chantant & en danſant dans cette partie des Jardins où ſe paſſe la Scene.*

LE CHŒUR.

CHANTONS le retour & la gloire
Du Souverain qui nous donne des loix.
Célébrons, chantons ſes exploits,
Que la Fortune & la Victoire
Volent toujours à ſa voix.

On danſe.

UNE SIRIENNE.

Heros, d'un Peuple heureux & l'Amour & l'espoir,
Dans l'horreur des combats, pourquoi chercher la gloire ?
La douleur de ne vous pas voir
Nous fait payer trop cher la plus belle victoire.

Ne quittez plus ces lieux paisibles,
Que l'Amour désarme vos mains.
La Gloire a des momens terribles :
L'Amour n'a que des jours serains.

On danse.

SCENE II.

SELEUCUS, STRATONICE, *Chœur de Peuples & de Guerriers.*

SELEUCUS.

J'Aime à voir éclater vos transports d'allegresse,
Allez jouir des charmes de la paix,
Peuples, j'aurai pour vous d'un Pere la tendresse :
Vous, soyez mes Enfans, portez ce nom sans cesse,
Oubliez celui de Sujets.

CHŒUR.

Ciel ! O Ciel ! Qu'à ses jours ta bonté s'interesse !
Il les compte par ses bienfaits.

SCENE III.

SELEUCUS, STRATONICE.

SELEUCUS.

LOrſque l'Himen, par le nœud le plus tendre,
S'apprête dans ce jour à nous unir tous deux,
Princeſſe, mon fils va deſcendre
Sur le rivage ténébreux.

Cedez aux pleurs d'un pere malheureux.
C'eſt vous ſeule aujourd'hui que ma douleur implore.
Epargnez à mon cœur un regret éternel,
Voyez Antiochus; il en eſt tems encore.
De la langueur qui le dévore,
Pénétrez, s'il ſe peut, le miſtere cruel.

STRATONICE.

Croyez-vous Stratonice à ſes maux inſenſible?
Que ne ferois-je point pour conſerver ſes jours!

SELEUCUS.

Pour prévenir ce coup terrible,
Je n'ai plus d'autre eſpoir que dans votre ſecours.
Je dois à ſa valeur l'éclatant avantage
Qui m'a fait triompher dans les plaines d'Ipſus.

J'adore vos appas, je cheris ses vertus:
Entre vous deux tout mon cœur se partage;
Mais, malgré l'amour qui m'engage,
Ma mort suivroit de près celle d'Antiochus.

STRATONICE.

Hélas! Qui pourroit se défendre
De plaindre son sort rigoureux?

SELEUCUS.

Si mon Trône suffit pour le rendre à mes vœux,
Qu'il s'explique, j'en vais descendre...
Princesse, on l'ameine en ces lieux;
C'est de vous que son sort & le mien vont dépendre.
Il sort.

SCENE IV.

STRATONICE *seule.*

STRATONICE.

Triste recours des malheureux,
Raison, si ton flambeau céde au feu qui m'enflâme,
Voile du moins mon cœur à tous les yeux.

Mais je t'implore en vain, je sens croître ma flâme,
Hélas! Que peux-tu sur une ame
Que l'Amour remplit de ses feux?

Triste recours des malheureux,
Raison, si ton flambeau céde au feu qui m'enflâme,
Voile du moins mon cœur à tous les yeux.

SCENE V.

STRATONICE, ANTIOCHUS.

ANTIOCHUS.

C'Eſt la Princeſſe!... O Ciel!...

STRATONICE.

D'un pere qui vous aime,
Calmez le cruel déſeſpoir,
Soyez touché de ſa douleur extrême.
La gloire, l'amitié, tout vous fait un devoir
De prendre pitié de vous-même.

ANTIOCHUS.

à part.

Princeſſe... C'en eſt fait... Dieux! Quels combats nouveaux!
Je ſens ſuccomber mon courage.

à STRATONICE.

Pour un cœur accablé de maux,
La mort n'eſt qu'un heureux paſſage
De l'horreur des tourmens au douceurs du repos.

STRATONICE.

De vos ennuis ſecrets vous êtes la victime.

Parlez, Prince, à ma foi confiés vos douleurs...

ANTIOCHUS.

Que dites-vous ?... Grands Dieux!... Au destin
qui m'opprime
Je puis imputer mes malheurs.
Si je parlois, ils deviendroient un crime.

STRATONICE.

Cette injuste ardeur de mourir
Fait votre crime, & notre peine.
Il n'est point de malheurs qu'on ne puisse adoucir.

ANTIOCHUS.

J'expirerai du moins, sans craindre votre haine.

STRATONICE.

Ma haine!... O Ciel!... Qui pourroit vous haïr?

Pour vous tout s'intéresse, & tout doit s'attendrir:
Vos maux, malgré nos vœux, semblent s'acroître
encore.

Comme une fleur qu'un matin voit éclore,

Briller & s'évanouir,
Vos beaux jours vont s'éteindre à leur premiere
aurore.

Pour vous, *&c.*

Que

Que votre ame s'ouvre à l'espoir.
Le Roi vous offre tout, jusqu'à son Diadême.

ANTIOCHUS.

Mes vœux sont au-dessus de la grandeur suprême.
Mon bonheur passe son pouvoir.
Sans en mourir, céde-t-on ce qu'on aime?

STRATONICE.

Qu'entens-je! ... Hélas!... Prince trop malheureux!

ANTIOCHUS.

Auprès de vous je n'ai pû me contraindre.
Aux yeux de son Vainqueur, un Amant peut-il feindre?
Mais je vange en mourant, Vous, mon Pere & les Dieux.

STRATONICE.

En mourant!...Ah! Cruel!.. Voyez couler mes larmes.
La mort nous frappera tous deux des mêmes coups.

ANTIOCHUS.

Ciel!...Quel aveu! Quel moment plein de charmes!
Mon cœur suffit à peine à des transports si doux.

SCENE VI.

SELEUCUS, STRATONICE, ANTIOCHUS.

SELEUCUS à STRATONICE.

Que faut-il enfin que j'espere ?..

ANTIOCHUS.

Ne cherchez point à découvrir ?
Un trop fatal mystere...

SELEUCUS.

Ingrat ! Rien ne peut t'attendrir.
Mon désespoir t'aigrit, mon amitié te blesse.

ANTIOCHUS.

Ce reproche cruel manquoit à mes malheurs.
Si vous sçaviez pour vous jusqu'où va ma tendresse..
Princesse.. Hélas ! Je céde au trouble qui me presse.

à SELEUCUS.

Je meurs...vivez heureux.

SELEUCUS.

J'expire ſi tu meurs.

à Stratonice.

Diſſipez enfin mes allarmes.
Vous a-t-il déclaré ſes ſécretes douleurs ?..
Vous vous troublez ?.. Vos yeux ſe rempliſſent de larmes !...
Princeſſe... Ah ! Quel eſpoir ! Qu'il a pour moi de charmes !
Je vois dans ſes regards la cauſe de vos pleurs.
Ah ! Que n'ai-je plûtôt pû lire dans vos cœurs !

Que votre ardeur éclate.
Par les plus auguſtes ſermens
Reſſerrez un nœud qui me flatte.
Dans le ſein du bonheur oubliez vos tourmens.

ANTIOCHUS & STRATONICE.

De nos malheurs vous arrêtez le cours :
Leur ſource eſt pour jamais tarie.
Vous nous rappellez à la vie,
Et nos cœurs vont s'unir pour vous aimer toujours.

SELEUCUS.

C'eſt votre Roi qui vous appelle,
Peuples par mille jeux, par les plus doux accords,
Venez ſignaler votre zéle,
Et partager tous mes tranſports.

SCENE DERNIERE.

Les Acteurs de la Scene précédente.

PEUPLES DE SYRIE,

Entrée de PEUPLES.

ANTIOCHUS.

DAns l'objet qu'on aime
Tout devient charmant,
C'eſt l'Amour lui-même.
Ah! Qu'on eſt heureux en aimant!

Un regard enchante un Amant,
Un ſouris eſt le bien ſuprême.
Dans l'objet qu'on aime

Tout devient charmant,
C'eſt l'Amour lui-même,
Ah ! Qu'on eſt heureux en aimant !

On danſe.

Peuples heureux, uniſſez-vous à moi.
Chantons, célébrons ſans ceſſe
La gloire, & les bienfaits de notre auguſte Roi.
Notre bonheur eſt la premiere loi
Que nous impoſe ſa tendreſſe.

C H Œ U R.

Chantons, célébrons ſans ceſſe
La gloire, & les bienfaits de notre auguſte Roi.
Notre bonheur eſt la premiere loi,
Que nous impoſe ſa tendreſſe.

A N T I O C H U S.

Quand ſa valeur répand la terreur ſur la terre,
Son cœur gémit de ſes ſuccès.
L'affreux ravage de la guerre
Lui fait verſer des pleurs ſur ſes triſtes ſujets.
Son bras ne s'arme du tonnerre,
Que pour faire regner la paix.

C H Œ U R.

Chantons, célébrons ſans ceſſe

La gloire, & les bienfaits de notre auguste Roi.
Notre bonheur est la premiere loi
Que nous impose sa tendresse.

Fin du second Acte.

LA FÉERIE.

ACTE TROISIÉME.

ACTEURS
CHANTANS.

ORIADE, *Fée*, Mlle. Jacquet.
ARGELIE, *jeune fille élevée dans le Palais de la Fée*, Mlle. Fel.
ZIMÉS, *fils d'*ORIADE. Mr. De Chaffé.
NIMPHES *de la Cour de la Fée.*
CHASSEURS *de la ſuite de* ZIMÉS.

PERSONNAGES DANSANS.

CHASSEURS.

Mrs. VESTRIS, LYONNOIS.

Mrs. Feuillade, Lelievre, Gobert, Hyacinte, Gallini, Deſplaces l., Deſplaces c., Veſtris c.

NYMPHES.

Mlle. VESTRIS.

Mlle. LANY.

Mlles. Courcelles, Beaufort, Couppé, Ponchon, Chevrier, Marquiſe, Pachot, Garnier.

ACTE III.

ACTE TROISIÉME.

LA FÉERIE.

Le Théâtre repréſente une Forêt très-ſombre. Dans l'enfoncement on voit un Deſert, des Antres, des Précipices, des Rochers, &c.

SCENE PREMIERE.

ORIADE, ARGELIE.

ORIADE.

RRÊTONS-nous dans ces Forêts.

ARGELIE.

Eh! Pourquoi retarder le bonheur que j'eſpere?
Cet aimable Zimés, dont vous êtes la Mere....

ORIADE.

Il eſt l'objet de mes regrets.

F

Alcine autrefois ma Rivale
Par l'Amour vit ſes feux trahis.
Contre moi ſans pouvoir, elle accable mon Fils
Du poids de ſa haîne fatale.
Il traîne en ces affreux Deſerts
Des jours odieux à lui-même,
Et d'Alcine, en courroux, la puiſſance ſuprême
L'y retient enchaîné par d'inviſibles fers.

ARGELIE.

Qu'entens-je....

ORIADE.

A vos regards il va bientôt paroître.
Sur ſes malheurs j'ay dû vous préparer.

ARGELIE.

Cruelle. Après l'ardeur que vous avez fait naître...

ORIADE.

Elle eſt le ſeul ſecours que je puiſſe eſperer.
Plaignez-vous, plaignez-moi, ſans me croire coupable.
Ecoutés l'Arrêt du Deſtin.
» Contre Zimés Alcine s'arme en vain,
» S'il inſpire, & reſſent un amour véritable.

ARGELIE.

Puis-je eſperer de l'enflammer?
Hélas! Eſt-ce aſſez pour charmer,

D'avoir un cœur tendre, & ſincere ?
Il ne faut point d'art pour aimer,
Et toujours il en faut pour plaire.

ORIADE.

Votre amour fait tout mon eſpoir
Sans doute à tant d'attraits Zimés rendra les armes.
* Mais je vous remets mon pouvoir :
Joignés l'art à l'amour, ma puiſſance à vos charmes.

Elle ſort.

ARGELIE.

Quoi ! Vous quittés ſans moi ce ſéjour odieux ?...

* *Elle lui remet ſa Baguette.*

SCENE II.

ARGELIE, *ſeule.*

ARGELIE.

ELle fuit... Tendre Amour, affermi ma conſtance..
* Mais de quel bruit retentiſſent ces lieux!..
Il redouble.., Quels ſons ?... Une Troupe s'avance.
Servons-nous de notre puiſſance,
Pour nous cacher à tous les yeux.

Elle ſort.

* *On entend le bruit d'une Chaſſe.*

SCENE III.

ZIMÉS, Troupes de Chasseurs armés de Javelots, d'Epieux, &c. vêtus de peaux de bêtes féroces.

ZIMÉS, & le Chœur.

LA Chasse est l'image
Des sanglans combats.

Ah ! Que la guerre a d'appas !

Des Ours affrontons la rage.
Que le sang & le carnage
Volent par tout devant nos pas.

La Chasse est l'image
Des sanglans combats.

Ah ! Que la guerre a d'appas !

On danse.

ZIMÉS.

Imitez l'éclat des Trompettes ;
Que le son des Cors
Brille & forme des accords.

LE CHŒUR.

Imitons, &c.

ZIMÉS.

Quand les combats guerriers manquent à nos tranſports,
La Chaſſe a des douceurs parfaites.

LE CHŒUR.

Imitons, &c.

ZIMÉS.

Sauvages habitans de ces ſombres retraites,
Tombez, tombez ſous nos efforts.
Imitez l'éclat des Trompettes;
Que le ſon des Cors
Brille & forme des accords.

LE CHŒUR.

Imitons l'éclat des Trompettes,
Que le ſon des Cors
Brille & forme des accords.

La Troupe des Chaſſeurs repréſente un Combat.

ZIMÉS.

Courez, volez dans ces forêts;
Allez enſanglanter vos traits.
Qu'à la Gloire chacun immole une victime.
Jouiſſons de notre valeur.
Qu'une noble ardeur nous anime:
Faiſons régner par tout la mort & la terreur.

CHŒUR.

Courons, volons dans ces forêts;
Allons ensanglanter nos traits.

La Troupe s'éloigne.

SCENE IV.

ZIMÉS, *seul*

ZIMÉS.

Que deviens-je!.. où m'entraîne un transport odieux!
Ne pourrai-je calmer le trouble qui me presse?
Un bonheur inconnu fait l'objet de mes vœux.
Je le cherche, il me fuit, & sans lui, tout me blesse.

La langueur, les ennuis, consument ma jeunesse;
Je n'ay vû luire encor que des jours malheureux.
Je m'agite, je cours, & rien ne m'interesse.
Les désirs de mon cœur, flétri par la tristesse,
S'égarent dans un vide affreux.

Ne pourrai-je calmer le trouble qui me presse?
Un bonheur inconnu fait l'objet de mes vœux.
Je le cherche, il me fuit, & sans lui, tout me blesse.

Evitons dans ces lieux les ardeurs du Soleil.
Les momens, que je perds dans les bras du sommeil.
Sont les seuls heureux de ma vie.

Il s'endort sur un lit de Mousse.

SCENE V.

ARGELIE, ZIMÉS *endormi.*

ARGELIE.

QUe ſes regrets m'ont attendrie...
Le ſommeil à ſes traits a rendu leur douceur....

Amour il y va de ta gloire.
Choiſis un trait vainqueur...
Mais pour aſſurer ta victoire
Laiſſe Amour ton carquois, prens le trait dans mon cœur.

Cédés, cédés à la clarté du jour
Sombres forêts dont l'horreur m'épouvante.
Charmes de ma flâme conſtante
Paſſés dans cet affreux ſéjour.
Qu'ici tout inſpire & reſſente
Les feux, les tranſports de l'Amour.

SCENE VI.

Le Théâtre change, & représente des Jardins embellis par tout l'art de la Féerie.

ARGELIE, ZIMÉS *endormi*, TROUPES DE NYMPHES *de la Cour d'*ORIADE.

ARGELIE & le CHŒUR, *tandis que les autres Nimphes dansent.*

LE ciel, la terre, & l'onde,
Adorent l'Amour :
Sa flamme est le flambeau du monde...

ZIMÉS.

Quels accords importuns!... Où suis-je!... Quel séjour!...

ARGELIE, & le CHŒUR.

Le ciel, la terre, & l'onde
Adorent l'Amour :
Sa flamme est le flambeau du monde.
Sans ses feux, le plus beau jour
Se change en une nuit profonde.
Le ciel, la terre, & l'onde
Adorent l'Amour :
Sa flamme est le flambeau du monde.

On danse.

ZIMÉS.

ZIMÉS.

Quels charmes inconnus!..Eſt-ce un ſonge flatteur!..

On danſe.

ARGELIE alternativement avec le CHŒUR.

» Echo, voix errante,
» Legere habitante
» De ce ſéjour :
» Echo, fille de l'Amour.
» Roſſignols amoureux, onde brillante & pure
» Repetez avec moi ce que dit la Nature.
» Il faut aimer à ſon tour.

On danſe.

ZIMÉS.

Que d'attraits !

ARGELIE.

Du printems de l'âge.
Les tendres déſirs
Sont l'heureux partage.
La fleur nouvelle s'engage
Avec les Zéphirs.

Les Oiſeaux par leur doux ramage,
A l'Amour font un homage,
De leurs feux, & de leurs ſoupirs.
Tout à nos cœurs trace l'image,
De l'Amour, & de ſes plaiſirs.

SCENE VII.

ARGELIE, ZIMÉS, *Chœur de Nymphes*, *Troupes de Chasseurs qui arrivent en dansant sur le Théâtre.*

CHŒUR DE CHASSEURS.

LA Chasse est l'image
Des sanglans combats;
Ah! Que la guerre a d'appas, *&c.*

ARGELIE, Chœur de Nymphes.

Le ciel, la terre & l'onde
Adorent l'Amour:
Sa flamme est le flambeau du monde:
Sans ses feux, le plus beau jour
Se change en une nuit profonde.
Le ciel, la terre & l'onde
Adorent l'Amour.

ARGELIE à Zimés.

La plus éclante victoire
Dans le cœur, laisse des désirs.
De le remplir, l'Amour seul a la gloire,
La plus éclatante victoire
Ne vaut pas ses moindres plaisirs.

ZIMÉS à ARGELIE.

Déeſſe... (En voyant tant de charmes,
Quel autre nom pourrois-je vous donner ?)
Mon ame ſe laiſſe entraîner :
J'oſe mettre à vos pieds, & mon cœur & mes armes.*

ARGELIE.

Quoi ! Zimés, de l'Amour éprouveroit les coups ?

ZIMÉS.

Ma fierté diſparoît. Je tremble à vos genoux :
De mes premiers ſoupirs je vous fais un hommage.
Je mépriſois l'Amour, je bravois ſon couroux,
J'ignore encore ſon langage ;
Mais je ne veux l'apprendre que de vous.

* *Il tombe aux genoux d'Argelie & remet à ſes pieds ſa maſſue.*

SCENE DERNIERE.

Les Acteurs précédens, ORIADE.

ORIADE.

JE triomphe d'Alcine, & ne crains plus sa haine,
Argelie a comblé mes vœux.
Aimez, mon fils, soyez heureux.
L'Amour vous prépare une chaîne
Dont rien ne peut briser les nœuds.

ZIMÉS à ARGELIE.

Ce n'est que de ce jour que commence ma vie.
Je retrouve ma mere & j'adore Argelie.

ZIMÉS à la Troupe des Chasseurs.

Vous, dont le cœur audacieux
Ne cherchoit le bonheur qu'au milieu des allarmes,
Connoissez votre erreur, & devenez heureux.
Quittez, quittez vos armes,
Rendez hommage à la beauté,
Les plaisirs lui doivent leurs charmes.

Et le cœur sa félicité.
Quittez, quittez vos armes.

On danse.

Les Chasseurs mettent aux pieds des Nymphes leurs armes, ils leurs marquent le désir qu'ils ont de leur plaire, elles se refusent à leurs empressemens.

ARGELIE.

Au vain plaisir de charmer
Ne bornez point votre gloire:
C'est abuser de la victoire,
Que vouloir plaire sans aimer.

Les Nymphes s'unissent avec les Chasseurs.

ARGELIE.

Quand l'Amour enflâme nos cœurs
Tout s'embellit, tout nous enchante.
Le Zéphir vole: l'Oiseau chante:
La terre à nos regards n'offre plus que des fleurs.

Au sein de la Guerre sanglante
On en respire les fureurs,
On ne voit sur la terre en pleurs.
Que le ravage & l'épouvante.

Quand l'Amour enflame nos cœurs
Tout s'embellit, tout nous enchante.
Le Zéphir vole : l'Oiseau chante.
La terre à nos regards n'offre plus que des fleurs.

Une Contre-Danse générale finit l'Acte.

FIN.

APPROBATION.

J'Ai lû par ordre de Monſeigneur le Chancelier une réimpreſſion *des Fêtes de Polimnie*, *Ballet-Heroïque*, A Compiegne, ce vingt-ſix Juillet 1753.

DEMONCRIF.

PRIVILEGE DU ROY.

LOUIS par la grace de Dieu, Roy de France & de Navarre : A nos amés & feaux Conſeillers, les Gens tenans nos Cours de Parlemens, Maîtres des Requêtes ordinaires de nôtre Hôtel, Grand'Conſeil, Prevôt de Paris, Baillifs, Sénéchaux, leurs Lieutenans Civils, & autres nos Juſticiers qu'il appartiendra, Salut. Nôtre très-cher & bien amé le Sieur LOUIS-ARMAND EUGENE DE THURET, cy-devant Capitaine au Regiment de Picardie ; Nous a fait repréſenter que, par Arreſt de nôtre Conſeil du 30 May 1733. Nous avons revoqué le Privilege qui avoit été accordé au Sieur le Comte & ſes Aſſociez, pour raiſon de l'Academie Royale de Muſique, ſes circonſtances & dépendances, & rétabli ledit Privilege en faveur dudit Sieur Expoſant, pour en joüir par lui, ſes Aſſociez, Ceſſionnaires & ayans-cauſe, aux charges & conditions portées par ledit Arreſt, pendant le temps & eſpace de vingt-neuf années, à compter du premier Avril de ladite année 1733 & que pour l'exploitation dudit Privilege, ledit Sieur Expoſant ſe trouve obligé de faire imprimer & graver les Paroles & la Muſique des Opera qui doivent être repréſentés ; mais que pour cet effet il a beſoin de notre Permiſſion & des Lettres qu'il Nous a très-humblement fait ſupplier de lui accorder. A CES CAUSES, voulant favorablement traiter led

Expofant : Nous lui avons permis & permettons par ces Préfentes, de faire imprimer & graver *les Paroles & Mufique des Opera, Ballets & Fêtes qui ont été ou qui feront reprefentés par l'Academie Royale de Mufique, tant féparément que conjointement*, en tels Volumes forme, marge, caractere, & autant de fois que bon lui femblera, & de les faire vendre & debiter partout notre Royaume ; pendant le temps de vingt-neuf années confecutives à compter du jour de la datte defdites Préfentes. Faifons défenfes à toutes perfonnes de quelque qualité & condition qu'elles foient d'en introduire d'Impreffion ou Gravures Etrangere dans aucun lieu de notre obéiffance : Comme auffi à tous Imprimeurs, Libraires, Graveurs, Imprimeurs Marchands en Taille-Douce, & autres de graver, ni faire graver d'imprimer, ou faire imprimer, vendre, faire vendre, débiter ni contrefaire lefdites Impreffions, Planches & Figures de Paroles, de Mufique des Opera, Ballets & Fêtes, qui ont été ou qui feront reprefentez par ladite Academie Royale de Mufique, tant féparément que conjointement en tout ni en partie, fans la permiffion expreffe & par écrit dudit Sieur Expofant, ou de ceux qui auront droit de lui ; à peine de confifcation tant des Planches & figures que des Exemplaires contrefaits, & des Uftanciles qui auront fervi à ladite contrefaçon, que Nous entendons être faifis en quelque lieu qu'ils foient trouvez, de dix mille livres d'amende contre chacun des Contrevenans, dont un tiers à Nous, un tiers à l'Hôtel-Dieu de Paris, l'autre tiers audit Sieur Expofant, & de tous dépens, dommages & interefts, à la charge que ces Préfentes feront enregiftrées tout au long fur le Regiftre de la Communauté des Libraires & Imprimeurs de Paris, dans trois mois de la datte d'icelles ; que la Gravure & Impreffion defdites Paroles & Opera fera faite dans notre Royaume & non ailleurs, en bon papier & beaux caracteres, conformément aux Reglement de la Librairie, & notamment à celui du dix Avril 1725. & qu'avant de l'expofer en vente les Manufcrits gravés ou imprimé feront remis dans le même état où l'Approbation y aura été donnée ès mains de notre très-cher & feal Chevalier-Garde des Sceaux de France, le Sr Chauvelin ; qu'il en fera remis deux Exemplaires de chacun dans notre Bibliotheque publique, un dans celle de notre Château du Louvre, & un dans celle de notre très-cher & feal Chevalieru Garde des Sceaux de France le Sr Chauvelin. Le tout à peine de nullité des Préfentes ; Du contenu defquelles Vous mandons & enjoignons de faire jouir ledit Sieur Expofant, ou fes Ayants-caufe, pleinement & paifiblement fans fouffrir qu'il leur foit fait aucun trouble ou empêchement. Voulons que la Copie defdites Préfentes, qui fera imprimée tout au long au commencement ou à la fin dudit Ouvrage, foit tenue pour dûement fignifiée ; & comme Copies collationnées par l'un de nos amés & feaux Confeillers & Secretaires, foy foit ajoûtée comme à l'Original. Commandons au premier notre Huiffier ou Sergent, de faire toute exécution d'icelles tous Actes requis & neceffaires, fans demander autre permiffion : & nonobftant Clameur de Haro, Chartre Normande & Lettres à ce contraires. CAR tel eft nôtre plaifir. DONNÉ à Fontainebleau, le douziéme jour du mois de Novembre, l'An de Grace mil fept cent trente-quatre, & de notre Regne le vingtiéme *Et plus bas*, Par le Roy en fon Confeil. *Signé* SAINSON, avec paraphe.

Regiftré fur le Regiftre VIII. de la Chambre Royale des Libraires & Imprimeurs de Paris, N. 797. fol. 779. conformément aux anciens Réglemens, confirmés par celui du 28 Février 1723. A Paris le 23 Novembre 1734.

G. MARTIN, *Syndic.*

www.ingramcontent.com/pod-product-compliance
Lightning Source LLC
LaVergne TN
LVHW010004230826
846092LV00002B/633

* 9 7 8 2 3 2 9 6 6 8 3 0 7 *